LE CANTIQUE

POUR QUELQUES ÉGLISES RÉFORMÉES

DES PYRÉNÉES

NOUVEAU RECUEIL

DE CANTIQUES

EN USAGE

DANS QUELQUES ÉGLISES RÉFORMÉES

DES CÉVENNES.

VALENCE,

J. MARC AUREL, Imprimeur-Libraire.

1844.

AUX FIDÈLES

DE

L'ÉGLISE RÉFORMÉE

D'AULAS.

Que la grâce soit avec tous ceux qui aiment notre Seigneur Jésus-Christ avec pureté.
ÉPH. VI, 24.

Valence, imprim. de J. Marc Aurel.

AVERTISSEMENT.

Les Cantiques contenus dans ce petit recueil ont été tirés ou des Chants chrétiens ou des Chants de Sion. Le premier est le psaume soixante-huitième dont j'ai cru devoir mettre quelques versets à la première page, à cause des souvenirs glorieux qu'il rappelle aux habitants des Cévennes. « Qand les Camisards, dit un » chroniqueur, se mettaient à chanter leur infernale » chanson : Que Dieu se montre, le officiers du roi » ne pouvaient plus être les maîtres de leurs soldats ; » ils fuyaient comme si tous les démons avaient été » à leurs trousses. »

Ce qui m'a engagé à livrer au public cette petite publication, c'est le vœu des fidèles de mon église qui ne pouvant pas, pour la plupart, dépenser trois ou quatre francs pour se procurer chacun la collection entière de tous les cantiques qui ont paru dans ces derniers temps, sont pourtant bien aise d'en posséder quelques-uns pour leur édification personnelle. Quant à l'absence des notes de musique, que personne n'en soit surpris; j'ai cru devoir les négliger à cause des frais d'impression qu'elles auraient occasionnés. Il suffit, tout le monde le sait, qu'un cantique soit répété quelques fois par le maître-chantre, pour que l'auditoire soit bientôt au courant du chant et y prenne part. S'il n'y avait dans nos Eglises que ceux qui connaissent toutes les règles de l'art qui chantassent, le service public se passerait souvent de ce moyen d'édification.

Les dignes et honorables auteurs des Cantiques [1] où j'ai puisé mon Recueil, me pardonneront cette espèce de fraude pieuse, à cause du but que je me suis proposé en la commettant. N'étant moi-même ni musicien ni poète, qu'il me soit permis d'avoir recours à ceux de nos frères qui le sont, et de prendre de leur table, si richement et si splendidement servie, quelques miettes de ce *pain spirituel* dont nos âmes seront joyeuses de se nourrir !...

Il serait temps que nous puissions avoir dans nos Eglises des livres à bon marché; tout le monde le dit et le répète. Tous les écrivains religieux sont d'accord sur ce point : qu'il faut éclairer, édifier les masses en leur mettant entre les mains, sans leur occasionner de grands frais, tout ce qui leur est nécessaire pour satisfaire leurs besoins intellectuels, religieux et moraux. Jusqu'à présent ceci s'est réduit à un vœu exprimé, et personne que je sache, sauf la *Société des petits Traités religieux*, n'a mis la main à l'œuvre pour le réaliser.

Je serais injuste cependant, si je ne signalais pas aussi à la reconnaissance de nos Eglises, la générosité et le désintéressement du rédacteur du *Réveil*, M. le pasteur Massé, qui a offert son journal *gratuitement* à toutes les personnes pieuses qui manifesteraient le désir de le recevoir.

---

[1] MM. Malan, Bost, Olivier, etc.

Je suis heureux que le désir de mes fidèles me fournisse l'occasion et me mette à même de leur présenter, sous ce rapport, un fait à peu près semblable. Je souhaite que ce petit livre, ajouté à leur vieux et respectable Psaume, dont la plupart ont été portés aux assemblées du désert, et qu'ils ne doivent jamais abandonner par un amour trop excessif des choses nouvelles, leur soit utile pour élever leur cœur à Dieu.

Qu'ils se réjouissent humblement et saintement au Seigneur ! qu'ils trouvent en l'Eternel leur force et leur joie ! qu'ils marchent à la clarté de sa face ! qu'ils s'égaient tous les jours en son nom, et qu'ils se glorifient dans sa justice ; car sa fidélité demeure d'âge en âge !...

C'est la prière et le vœu de leur dévoué serviteur en Jésus-Christ,

T. DARDIER, *Pasteur.*

Aulas, août 1844.

NOUVEAU RECUEIL

DE CANTIQUES.

CANTIQUE

DES CAMISARDS DANS LES ASSEMBLÉES DU DÉSERT.

—

1. Que Dieu se montre seulement,
Et l'on verra dans un moment
    Abandonner la place :
Le camp des ennemis épars,
Epouvanté de toutes parts,
    Fuira devant sa face.
On verra tout ce camp s'enfuir
Comme l'on voit s'évanouir
    Une épaisse fumée.
Comme la cire fond au feu,
Ainsi des méchants devant Dieu
    La force est consumée.

2. Mais en présence du Seigneur,
Les bons célèbrent sa grandeur,
    Sa force et sa sagesse ;
Et dans les vifs transports qu'ils ont
De voir les méchants qui s'en vont,
    Ils sautent d'allégresse.
Justes, chantez tous d'une voix
Du Dieu des dieux, du Roi des rois,

La louange immortelle ;
Car sur la nue il est porté,
Et d'un nom plein de majesté
L'Eternel il s'appelle.

5. Quand par ses soins et par sa voix
Il mena son peuple autrefois
Dans le désert horrible,
Les cieux fondirent en sueur,
La terre trembla de frayeur
A son aspect terrible !
Le mont de Sina tout troublé,
Dieu d'Israël, fut ébranlé
En voyant ton visage,
Et par ton merveilleux pouvoir
Tu fis abondamment pleuvoir
Sur ton saint héritage !

4. Les grands rois ont tourné le dos ;
Ils s'en vont, et nous en repos
Sommes remplis de joie.
Celles qui gardaient la maison
Sortant enfin de leur prison
Vont partager la proie.
Vous qui parmi les durs travaux
Avez essuyé tant de maux
En voulant vous défendre,
Vous parûtes secs et noircis
Tels que ces malades transis
Qui traînent sur la cendre.

5. Quand Israël fut abattu
Tu lui fis sentir la vertu
De ta prompte assistance,
Il vécut en paix par tes soins,
Et trouva pour tous ses besoins
Des biens en abondance.
Du Seigneur les exploits divers
Ont fait parler tout l'univers !
La fête fut publique,

Quand, voyant l'ennemi s'enfuir,
Nos vierges, pour se réjouir,
   Chantèrent ce cantique.

CANTIQUE II.

1. L'Eternel seul est Seigneur,
Seul il est dominateur (*bis*).
Sur les peuples de la terre ;
Il est Maître souverain (*bis*).
Des ouvrages que sa main
Pour sa gloire à voulu faire.

2. Mais quel bienheureux mortel
Au saint mont de l'Eternel (*bis*).
Aura le droit de paraître ?
Et quel homme, ô puissant Roi (*bis*),
Pour demeurer avec toi,
Assez juste pourrait être ?

3. C'est l'homme qui, dans son cœur,
Par ton Esprit, ô Seigneur (*bis*) !
Hait du péché les souillures ;
Qui, fuyant la fausseté (*bis*),
Te sert en sincérité,
Levant à toi des mains pures.

CANTIQUE III.

1. Dans l'abîme de misères,
Où j'expirais loin de toi,
Ta bonté, Dieu de mes pères,
Descendit jusques à moi.
Tu parlas, mes yeux s'ouvrirent ;
A mes regards éperdus
Tes secrets se découvrirent.
Jétais mort et je vécus.

2. Plus haut que toute pensée
Ta main étendit les Cieux ;
Tu veux : leur voûte embrasée
Se peuple de nouveaux feux.
Mais, privés d'aimer, de croire,
Tous ces cieux et leur splendeur
Ne valent pas pour ta gloire
Un seul soupir d'un seul cœur.

3. Esprit du Dieu que j'adore,
Ah ! forme en moi ce soupir,
Ce feu qui n'a point encore
Réchauffé mon repentir.
Qu'à l'amour mon cœur se livre,
Et qu'il répète à jamais :
Aimer, aimer, voilà vivre !
Fais-moi vivre, ô Dieu de paix !

CANTIQUE IV.

1. Oui, pour son peuple Jésus prie !
Prétons l'oreille à ses soupirs.
Qu'à sa voix notre âme attendrie
Réponde par de saints désirs.
Dans les hauts lieux, brillant de gloire,
Il est entré victorieux,
Et sur l'autel expiatoire
Il offre son sang précieux.

2. Oui, pour mon âme, Jésus prie !
Et sa requête jusqu'à moi
Descend comme un fleuve de vie,
Où s'abreuve une sainte foi.
Du racheté, doux privilége,
Je trouve au ciel un sûr garant
Qui, plein d'amour, toujours assiége
Le tribunal du Dieu vivant.

5. Oui, pour nos âmes Jésus prie !
Dans cet instant, ô charité !
Il plaide, il intercède, il crie
Pour nous, qui l'avons contristé.
A son enfant, auprès du Père,
Son cœur obtient un doux pardon ;
Et pour l'aider dans sa misère,
Sa voix réclame un nouveau don.

4. Oui, pour les tiens, Jésus, tu pries !
Qu'il nous est doux de le savoir !
Ainsi, Seigneur, tu nous convies
A mettre en toi tout notre espoir.
Sous le parfum de ta prière
Fais-nous marcher, remplis d'ardeur.
Pour te bénir, notre âme entière
S'élève à toi, puissant Sauveur !

CANTIQUE V.

1. Je chanterai, Seigneur, tes œuvres magnifiques,
Ton auguste pouvoir, ta suprême grandeur ;
Aux concerts de tes saints j'unirai les cantiques
    Que pour toi me dicte mon cœur. (*bis*).

2. Oh ! que de l'Eternel la parole est féconde !
L'univers fut jadis l'ouvrage de sa voix.
Il dit : les éléments, le ciel, la terre et l'onde
    Du néant sortent à la fois. (*bis*).

3. Le monde passera : ce superbe édifice
Un jour s'ébranlera jusqu'en ses fondements.
Ta sagesse, grand Dieu ! ta bonté, ta justice
    Subsisteront dans tous les temps. (*bis*).

CANTIQUE VI.

Il vient, il vient, c'est notre Rédempteur,
Hausse la voix pour chanter ton Sauveur ;

Jérusalem, ville de l'alliance,
Dis à Juda : Quelle est ton espérance ?
    Alleluïa, dans le saint lieu (*bis*),
    Car voici Jésus *notre Dieu* (*ter*).

2. Devant Jésus tout coteau croulera ;
Sur les puissants son bras dominera.
Tremblez, tremblez, pécheurs ! redoutez sa colère :
Il a pour vous un terrible salaire.
    Tremblez, tremblez ! malheur, malheur (*bis*) ?
    Car voici le Fort, le *Vengeur* (*ter*).

5. Comme un berger, il paîtra son troupeau ;
Pour la brebis et pour le faible agneau,
Il est toujours dans ses bras un asile.
C'est aux chétifs qu'il offre l'Evangile.
    Triste Sion, dis désormais (*bis*) :
    Jésus est Prince *de la paix* (*ter*).

4. Jésus est grand ! son nom est glorieux !
Car de ses doigts il compassa les cieux ;
Il a pesé les monts à la balance,
Et dans sa main l'Océan prit naissance.
    Sachez, sachez que le Sauveur (*bis*).
    Est aussi le Dieu *créateur* (*ter*).

CANTIQUE VII.

1. Saint des saints, tout mon cœur *veut s'élever à toi* (*bis*).
Tu me dis de chercher le regard de ta face ;
Fais-moie sentir ta puissante efficace,
    Esprit de Dieu, viens soutenir ma foi (*bis*).

2. Devant toi je rougis *et demeure confus* (*bis*).
Mais, Seigneur, ta pitié relève ma misère.
    N'as-tu pas mis entre elle et ta colère
    L'amour, la croix et le sang de Jésus (*bis*) ?

5. Oui, Seigneur, tu m'entends, *tu m'ôtes ma douleur* (*bis*) ;
Je me sens ton enfant ; mon Père , je t'appelle.
De ton secours la promesse est fidèle.
Béni sois-tu ! Ta paix rentre en mon cœur (*bis*).

CANTIQUE VIII.

1. Levons-nous, frères , levons-nous,
    Car voici notre Maître.
Il est minuit, voici l'Epoux ,
    Jésus-Christ va paraître (*bis*).

2. Avec les siens il vient régner
    Et délivrer l'Eglise ;
Bientôt il va la couronner
    De la gloire promise (*bis*).

3. Ne crains donc point , petit troupeau ,
    Toi que chérit le Père ;
Que toujours la croix de l'Agneau
    Soit ta seule bannière (*bis*).

CANTIQUE IX.

1. C'est de toi, Père saint, que j'attends ma justice ;
Sur tes compassions se repose mon cœur.
Tu voulus de tout temps nous être un Dieu propice,
Et tu nous destinais un parfait Rédempteur (*bis*).

2. Aux jours marqués par toi, pour racheter mon âme,
Il s'est anéanti , ce Sauveur éternel.
Né pauvre, il vécut pauvre, et, sur un bois infâme,
Mourant, il m'a rouvert les portes de ton ciel (*bis*).

3. Heureux qui, connaissant sa profonde misère ,
Sur ce divin Sauveur se repose avec foi !

Il reçoit son pardon, il trouve en toi son Père ;
Il obtient ton Esprit pour pratiquer ta loi (*bis*).

4. Augmente donc en moi, grand Dieu ! la repentance.
Que, par la foi, sur Christ mon œil soit arrêté,
Et que ton Saint-Esprit scelle mon espérance
En faisant abonder en moi la charité (*bis*) !

CANTIQUE X.

1. Trois fois saint Jéhovah ! (*bis*).
Notre âme, en ta présence,
Dans une humble assurance,
S'écrie : Alleluïa (*bis*).
Ta gloire est immortelle,
Ta grâce est éternelle,
O Père ! ô Fils Sauveur (*ter*) !
O Saint consolateur !

2. Les esprits bienheureux (*bis*),
Tes élus et tes anges,
Célèbrent tes louanges
Aux demeures des cieux (*bis*).
Nous aussi, sur la terre,
Vers le vrai sanctuaire
Jusqu'à toi, Roi des rois (*ter*) !
Nous élevons nos voix.

3. Amen ! ô notre Dieu (*bis*) !
Que ta bonté fidèle,
A ce cœur qui t'appelle,
Réponde du saint lieu (*bis*) !
Et qu'en ta paix parfaite,
Ton Eglise répète :
Trois fois saint Jéhovah (*ter*) !
Amen ! Alleluïa !

CANTIQUE XI.

1. Du Rocher de Jacob toute l'œuvre est parfaite,
Ce que sa bouche a dit, sa main l'accomplira.
Alleluïa ! alleluïa (*bis*) !
Car il est notre Dieu, (*ter*) notre haute retraite.

2. C'est pour l'éternité que le Seigneur nous aime,
Sa grâce en notre cœur jamais ne cessera.
Alleluïa ! alleluïa (*bis*) !
Car il est notre espoir, (*ter*) notre bonheur suprême.

3. De tous nos ennemis il sait quel est le nombre ;
Son bras combat pour nous et nous délivrera.
Alleluïa ! alleluïa (*bis*) !
Les méchants devant lui (*ter*) s'enfuiront comme une ombre.

4. Notre sépulcre aussi connaîtra sa victoire ;
Sa voix, au dernier jour, nous ressuscitera.
Alleluïa ! alleluïa (*bis*) !
Pour nous, ses rachetés, (*ter*) la mort se change en gloire.

CANTIQUE XII.

1. L'Eternel est ma part, mon salut, mon breuvage ;
Il a fixé mon lot dans un bel héritage.
Ma langue égaie-toi, réjouis-toi, mon cœur,
Entonne un chant d'amour, Jésus est ton Sauveur !

2 Rebelle, je vivais au milieu des rebelles ;
Mais Jésus-Christ m'a vu des voûtes éternelles ;
Il a quitté les cieux pour sauver un pécheur.
Mon âme égaie-toi ! Jésus est ton Sauveur !

5. Ma dette envers mon Dieu m'entraînait dans l'abîme.
L'inexorable loi saisissait sa victime ;
Un sang d'un prix immense apaise sa fureur.
Mon âme égaie-toi ! Jésus est ton Sauveur !

CANTIQUE XIII.

1. Jour du Seigneur,
J'ouvre mon cœur
A ta douce lumière.
Jour solennel,
A l'Eternel
Consacre ma prière.

2. Dieu tout puissant,
Dieu bienfaisant,
J'ai besoin de ta grâce.
Eclaire-moi !
Soutiens ma foi,
Je viens chercher ta face.

3. Ta vérité,
Ta charité,
Brillent dans ta Parole ;
Seule elle instruit,
Guide et conduit
Notre âme, et la console.

4. J'entends ta voix ;
Tes saintes lois
Ne sont pas difficiles.
Viens les graver,
Les conserver
Dans des âmes dociles.

5. Que ton Esprit,
O Jésus-Christ !
Habite dans notre âme ;

       Que ton amour,
       Et nuit et jour,
   L'embrase de sa flamme.

CANTIQUE XIV.

1. Que ne puis-je, ô mon Dieu! Dieu de ma délivrance,
Remplir de ta louange et la terre et les cieux,
Les prendre pour témoins de ma reconnaissance,
Et dire au monde entier combien je suis heureux !

2. Heureux, quand je t'écoute, et que cette parole
Qui dit: « Lumière, sois! » et la lumière fut,
S'abaisse jusqu'à moi, m'instruit et me console,
Et me dit: « C'est ici le chemin du salut ! »

5. Heureux, lorsque ton jour, ce jour qui vit éclore
Ton œuvre du néant et ton Fils du tombeau,
Vient m'ouvrir les parvis où ton peuple t'adore,
Et de mon zèle éteint rallumer le flambeau !

4. Heureux, toujours heureux! J'ai le Dieu fort pour Père,
Pour frère Jésus-Christ, pour guide l'Esprit-Saint!
Que peut ôter l'enfer, que peut donner la terre,
A qui jouit du ciel et du Dieu trois fois saint ?

CANTIQUE XV.

1. Mon cœur joyeux, plein d'espérance,
S'élève à toi, mon Rédempteur,
Daigne écouter avec clémence
Un pauvre humain, faible et pécheur.
En toi seul est ma confiance,
   En toi seul est mon bonheur.

2. Le jour, je suis sous ta lumière ;
La nuit, je repose en ton sein.
Au matin , ton regard m'éclaire
Et m'ouvre un facile chemin ;
Et chaque soir, ô mou Père!
Tu prépares mon lendemain.

3. Je vois ainsi venir le terme
De mon voyage en ces bas lieux ,
Et j'ai l'attente vive et ferme
Du saint héritage des cieux.
Sur moi si la tombe se ferme ,
J'en sortirai tout glorieux.

CANTIQUE XVI.

1. Celui qui t'aime , ô tendre Père !
    Doit-il gémir ?
Doit-il trouver sa coupe amère (*bis*).
Lui qui , tiré de sa misère,
    Sait te bénir ?

2. Pourquoi céder à la tristesse ,
    Ô faible cœur !
Au lieu du deuil , c'est l'allégresse (*bis*).
Que vient t'offrir, dans sa richesse ,
    Le Rédempteur.

3. Accorde , ô Dieu ! la patience
    A ton enfant ,
Qu'il sache, au jour de la souffrance (*bis*),
Se réjouir dans l'espérance,
    Sauveur puissant.

4. Ton fils , ô Dieu ! n'a plus de crainte ;
    Il est au port.
Par ton amour, son âme atteinte (*bis*) ,
Vit dans la paix, soumise et sainte.
    Quel heureux sort !...

CANTIQUE XVII.

1. Qu'ils sont beaux sur les montagnes
Les pieds de tes serviteurs,
Qui parcourent les campagnes
Prêchant la grâce aux pécheurs.
O délicieuse vie!
D'un serviteur de Jésus,
Qui pour son Maître s'oublie,
En annonçant ses vertus.

2. Libre de toute autre chaîne,
Le chrétien qui sert son Dieu,
Dans la souffrance et la peine
Suit son modèle en tout lieu.
Il faut qu'en vivant, offrande
Il s'offre pour son Sauveur ;
C'est là ce que Dieu demande
D'un fidèle serviteur.

5. Aux cœurs accablés de peines,
Tremblant au seul nom de mort ;
Aux cœurs qui, chargés de chaînes,
N'attendent qu'un triste sort ;
Dites que Dieu, dans sa grâce,
Donna son Fils aux pécheurs,
Et que sa mort efficace
Leur mérita ses faveurs.

CANTIQUE XVIII.

1. Que peut le monde
A mon bonheur,
Car je le fonde
Sur mon Sauveur.
Il me l'acquit
Quand il souffrit

Pour mes péchés
Qu'il a portés.
Il est fidèle,
Et chaque jour
Il renouvelle
Son tendre amour.

2. Pour me surprendre
Si Satan vient,
Pour me défendre
Jésus survient.
Il le vainquit,
Quand il se mit
Sur cette croix
Où je le vois.
Par sa souffrance
Il le défit,
Et sa puissance
M'en garantit.

3. Aussi, sans crainte
En mon souci,
Je fais ma plainte
A cet ami ;
Car, promptement,
Me consolant
Par son Esprit,
Il m'affermit.
Ah ! jusqu'à l'heure
De son retour,
Que je demeure
En son amour !...

CANTIQUE XIX.

—

POUR LES MISSIONS.

1. Saints messagers, hérauts de la justice,
Haussez la voix, publiez le salut ;

Que votre espoir, votre glorieux but
Soit d'empêcher que l'homme ne périsse,
En l'amenant *aux pieds de Jésus-Christ* (*bis*).

2. Au loin, déjà la moisson est blanchie,
Mais on n'y voit que peu de moissonneurs.
Ah ! ranimons nos pieuses ardeurs,
Et sous nos yeux, à l'Eglise enrichie,
Se joindront ceux *qui mouraient loin de Christ* (*bis*).

5. Oh ! que tes pieds sont beaux sur les montagnes,
Enfant de paix, fidèle homme de Dieu !
Devant tes pas, le plus sauvage lieu
Va se changer en brillantes campagnes,
Et le pécheur *en disciple de Christ* (*bis*).

CANTIQUE XX.

—

POUR LES CATÉCHUMÈNES.

1. Ici s'élève ton autel,
Dieu, protecteur de la jeunesse,
Répands ton Esprit de sagesse
Sur tes enfants, (*bis*) ô Eternel !

2. Ici s'élève ton autel,
Dieu, protecteur de la jeunesse ;
Eclaire, augmente notre foi,
Et donne à notre âme un vrai zèle.
Que notre cœur, toujours fidèle,
Marche (*bis*) en paix, Seigneur, avec toi.

5. Ici s'élève ton autel,
Dieu, protecteur de la jeunesse ;
Répands ton Esprit de sagesse
Sur nos serments (*bis*) ô Eternel !

CANTIQUE XXI.

POUR LE BAPTÊME.

1. O notre Dieu! baptise et renouvelle
Ce faible enfant que nous te consacrons.
C'est dans la mort qu'en naissant nous entrons;
Mais en Jésus est la vie éternelle.

2. Oui, ton Esprit peut, par son efficace,
A cet enfant donner un cœur nouveau.
Voici, Seigneur, nous le baptisons d'eau,
Veuille en ton Fils le sceller de ta grâce.

CANTIQUE XXII.

PRIÈRE DU MATIN.

1. J'élève, ô mon Dieu! vers toi mon cœur!
Un jour nouveau sur la terre
M'est donné dans ta faveur.
Il t'appartient, ô mon Père!
O mon Roi!... Mon Rédempteur,
Fais m'en connaître la valeur.

2. Comme un courrier passent mes ans,
Mes jours sont l'herbe éphémère
Qui fleurit et meurt aux champs ;
Ils sont la flèche légère.
Rien n'arrête leurs moments.
Bénis, ô Dieu! ce peu d'instants!

3. Tout ici-bas s'évanouit :
Le monde n'est qu'apparence,
Tout s'efface et tout périt.
Détourne ma confiance

D'un bien qui passe et finit.
Garde mon cœur par ton Esprit.

CANTIQUE XXIII.

—

PRIÈRE DU SOIR.

1. Père Saint ! notre prière
Vers toi monte par Jésus.
La nuit règne sur la terre,
Nos travaux sont suspendus,
Et notre faible paupière
Bientôt ne s'ouvrira plus.

2. Garde-nous, Sauveur fidèle,
A l'abri de tous les maux ;
Et pendant que, sous ton aile,
Nous goûtons quelque repos,
Que ta bonté renouvelle
Nos forces pour nos travaux !

CANTIQUE XXIV.

—

ACTIONS DE GRACE.

Agneau de Dieu ! par tes langueurs,
Tu pris sur toi notre misère,
Et tu nous fis, pour Dieu ton Père,
Et rois et sacrificateurs.
Ensemble aussi nous te rendons
Honneur, gloire et magnificence,
Force, pouvoir, obéissance,
Et dans nos cœurs nous t'adorons.
        Amen ! Amen !
        Seigneur ! Amen !

CANTIQUE XXV.

DOXOLOGIE , PAR LUTHER.

Gloire soit au Saint-Esprit,
Gloire soit à Dieu le Père !
Gloire soit à Jésus-Christ ,
Notre Epoux et notre Frère !
Son immense charité
Dure à perpétuité.   } (bis).

CANTIQUE XXVI.

CHANTÉ DANS LES CÉVENNES EN SORTANT DU TEMPLE.

1. Que le ciel te bénisse
Troupeau chéri de Dieu !
Que son regard propice
T'accompagne en tout lieu.
Oui, Seigneur, par ta grâce
Conduis tes chers enfants ;
Que l'éclat de ta face
Sur nous brille en tout temps.

2. En sortant de ce temple,
Donnons aux malheureux ,
Et Dieu qui nous contemple
Nous bénira des cieux.
Nos champs toujours fertiles
Souriront à nos yeux,
La paix dans nos familles
Comblera tous nos vœux.

FIN.

9 782012 741911